Für Enrico

Bibliografische Informationen der Deutschen Bibliothek
Die Deutsche Bibliothek verzeichnet diese Publikation in der Deutschen
Nationalbibliografie; detaillierte bibliografische Daten sind im Internet über:
http://dnb.ddb.de abrufbar

Ideenkiste Nr. 2 - Raum und Zeit

1. Auflage 2012

© Verlag Kleine Wege 2012
Alexander-Puschkin-Straße 25
D-99734 Nordhausen
Telefon: +49(0) 36 31. 47 84 92
Telefax: +49(0) 36 31. 46 08 71
eMail: kontakt@kleine-wege.de
Internet: www.kleine-wege.de

ISBN: 978-3-937340-19-7

Fotografien: Verlag Kleine Wege

Gestaltung & Realisation:
DRUCKWERK | www.siebdruckwerk.info

Herstellung: Digitaldruck Mehlis GbR, Nordhausen

Printed in Germany

IDEENKISTE NR. 2

Zeit & Raum

Verlag Kleine Wege ®
Förderung autistischer Menschen

Eine Kiste voller Ideen
zur praktischen Umsetzung von pädagogischen Inhalten
nach dem TEACCH-Ansatz

6

Einfach eine Kiste voller Ideen

Wie können Räume bedeutsam gestaltet werden? Auf welche Art und Weise wird Zeit verständlich visualisiert? Der TEACCH-Ansatz (Treatment and Education of Autistic and related Communication handicapped Children) ist ein besonderer Weg, um ganzheitliche Bildung und Erziehung in den individuellen Lebensbereichen, in der Einzelförderung als auch in einem Gruppenalltag umzusetzen.
Es geht vor allem darum, die unterschiedlichen Ebenen der Strukturierung und Visualisierung so zu gestalten, dass diese in unserer vielfältigen Umgebung bedeutungtragend erlebt und erfahren werden können.

Die Ideenkiste Nr. 2 spiegelt anhand konkreter Beispiele Alltagsästhetik und einen wertschätzenden Umgang mit einer notwendigen räumlichen als auch zeitlichen Struktur wieder.

Die Kinder, Jugendlichen und Erwachsenen als auch ihre Unterstützer und Begleiter können sich in einer gestalteten Umgebung wohl fühlen und individuell als auch gemeinsam lernen und tätig sein. Im Förderkonzept KleineWege® sind durchdachte Raum- und Zeitkonzepte Basis für eine erziehende und bildende Atmosphäre.

Wir danken allen Kindern und Familien für Ihre Unterstützung und die Bereitstellung einiger privater Fotos.
Ein besonderer Dank gilt Astrid und Annett für ihre Mitarbeit.

Inhaltsverzeichnis

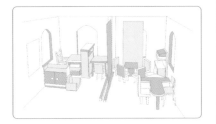

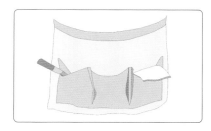

Das Konzept zum Aufbau von Handlungsmotivation – KAHM

In unserem Konzept zum Aufbau von Handlungsmotivation nutzen wir die Vorliebe von Menschen mit Autismus für Details. Dabei sollen sich dem autistischen Menschen über das Wahrnehmen von <u>bedeutsamen</u> Details und der positiven Verknüpfung ihrer Interessen mit einem situationsrelevanten Merkmal (S. 13), globale bedeutsame Zusammenhänge von Raum und Zeit erschließen.

Für Menschen mit Autismus ist es besonders schwierig, sich in unserer vielfältigen reizintensiven Umwelt zu orientieren und damit Sicherheit zu erleben. Oft sind sie nicht motiviert, Lernangebote

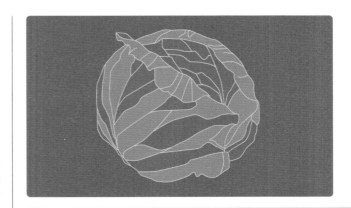

1

anzunehmen, wenn diese in ihrer Komplexität nicht überschaubar sind. Besonderheiten in der Interaktion und Kommunikation, im Lernverhalten als auch die Verhaltensbesonderheiten werden nach einer von Uta Frith *(1989)* beschriebenen Theorie als Folge einer schwachen zentralen Kohärenz zusammengefaßt.

Mittlerweile geht man davon aus, dass eine schwache zentrale Kohärenz nicht zwangsläufig dazu führt, dass Menschen mit Autismus Schwierigkeiten im Erfassen ganzheitlicher Zusammenhänge haben.

Eher richten sie ihre Aufmerksamkeit spontan auf Details, obwohl Informationen von ihnen auch ganzheitlich verarbeitet werden können *(Müller & Nußbeck, 2005)*. Dieser Erklärungsansatz hat auch für die Gestaltung von Raum- und Zeitzusammenhängen eine Bedeutung.

Den Interessen Bedeutung geben –
Entwicklung von Handlungsmotivation bei Menschen mit Autismus

1. Einleitung

Zum Handeln motiviert zu sein, bedeutet, sich auf eigene Initiative hin Dingen oder Ereignissen zuzuwenden, seine Aufmerksamkeit darauf zu lenken und Freude am Tun zu entwickeln. Dieses freiwillige und durch die Sache selbst motivierte Üben hilft, Fähigkeiten und Fertigkeiten nachhaltig zu erwerben und in andere Lebensbereiche zu übertragen.

Für das motivierte und echte Lernen sind positive Erfahrungen grundlegend. Gelernt wird besonders dann, wenn Aktivitätsangebote von einer hohen Emotionalität und Bedeutsamkeit begleitet werden. Eine Situation mit positiven Empfindungen zu verknüpfen, motiviert, sich dieser wieder zuzuwenden. Unangenehme Ereignisse werden vermieden.

Lernen in allen Entwicklungsbereichen ist für autistisch behinderte Menschen eine besondere Herausforderung. Oft sind sie nicht motiviert, Lernangebote anzunehmen, wenn diese in ihrer Komplexität nicht überschaubar sind. Der TEACCH-Ansatz bietet an dieser Stelle die Gelegenheit, Komplexität durch die Aufteilung in einzelne Schritte zu reduzieren und auf diese Weise die Entwicklung von Handlungsmotivation zu fördern. Neben Elementen der Strukturierung ist die Ausrichtung des TEACCH-Ansatzes auf die individuellen Interessen entscheidend. Autistisch behinderte Menschen können sich den Dingen zuwenden, die sie mögen und verstehen. Diese haben für sie Bedeutung und motivieren zum Handeln.

In unserer Arbeit im Autismuszentrum haben wir auf dem TEACCH-Ansatz und lerntheoretischen Überlegungen basierende methodische Bausteine entwickelt, mit denen auch bei Menschen mit erhöhtem Strukturierungsbedarf die intrinsische Motivationsbereitschaft gestärkt werden kann. Das „Konzept zum Aufbau von Handlungsmotivation" *(Schatz et al. 2007)* stellt hierbei unsere grundlegende Methodik dar. Im Folgenden wird ein kurzer Überblick über den Aufbau des Konzepts gegeben. Anhand von drei Fallbeispielen wird anschließend die praktische Umsetzung deutlich.

2. Das Konzept zum Aufbau von Handlungsmotivation

Voraussetzung für motiviertes Lernen sind positive Erfahrungen mit dem Lerngegenstand. Gelernt wird besonders dann, wenn Aktivitätsangebote von einer hohen Emotionalität und Bedeutsamkeit begleitet werden, d.h. wenn Interesse daran besteht. Eine Situation mit positiven Empfindungen zu verknüpfen, motiviert, sich dieser erneut zuzuwenden. Unangenehme Ereignisse werden hingegen vermieden *(Rheinberg 2007)*. Diese Grundlagen des Lernens treffen auch auf autistisch behinderte Menschen zu.

Mit dem Konzept zum Aufbau von Handlungsmotivation bei Menschen mit Autismus orientieren wir uns deshalb an positiven Lernerfahrungen. Um diese anzubahnen, ist die Beobachtung entscheidend, dass Menschen mit Autismus fähig sind, ihre Aufmerksamkeit intrinsisch motiviert zu lenken. Es ist deutlich, dass sie sich intensiv und wiederkehrend mit ihrem Interessengebiet beschäftigen können. Mit unserem Konzept wollen wir das bestehende Interesse für Dinge, die Menschen mit Autismus mögen und verstehen, als Ansatzpunkt zum Ausweiten der Lernmotivation auf andere Gebiete nutzen.

Das pädagogische Vorgehen baut sich dabei in fünf Schritten auf:

Erster Schritt: Den Interessen Bedeutung geben
1.1. Erheben der Interessen durch Beobachtung des Klienten und Befragung der Bezugspersonen
1.2. Spiegeln der Vorlieben, Interessen und Aktivitäten - gemeinsam aufmerksam sein

Zweiter Schritt: Handlungsmotivation entwickeln
2.1. Jetzt-Ebene: Einführen eines situationsrelevanten Merkmals
2.2. Jetzt-Ebene: altes „Spiel" mit neuem Material oder neues „Spiel" mit altem Material
2.3. ERST-DANN-Ebene: eine interessengebundene Handlung vorschalten

Dritter Schritt: Handlungsraum erweitern
3.1. Generalisierung des Gelernten: Üben an zunächst einem anderen Ort
3.2. mit einer anderen Person

Vierter Schritt: Arbeitsroutinen und Zeitabläufe erfahren
4.1. Lern- oder Arbeitsverhalten aufbauen - eine Arbeitshandlung vorschalten
• ERST: Arbeitshandlung - eine kurze, interessengelöste Lern- oder Arbeitshandlung
• ERST: Motivationsaufgabe – diese interessengebundene Handlung wird quantitativ ausgebaut
• DANN: Der gemeinsame Austauschprozess – die Qualität der stark interessengebundenen Handlung entwickelt sich in der Gemeinsamkeit
4.2. Generalisierung des Gelernten

Fünfter Schritt: Erweiterung der Kompetenzen in den Entwicklungsbereichen Eigenständigkeit, Lernen/Arbeiten, Kommunikation und Verhaltensmanagement
• quantitative und qualitative Erweiterung der Förderinhalte auf Grundlage der erlernten Arbeitsstrategien

Das situationsrelevante Merkmal

• ist die bedeutungstragende Struktur in einer Anforderungssituation
• ist ein gelenkter, in verschiedene Situationen übertragbarer Schlüsselreiz, welcher die Eigenmotivation erhöht
• ermöglicht die Orientierung in Raum und Zeit unabhängig von einer Bezugsperson
• ist die Verbindung zwischen einer flexibel einsetzbaren Struktur und einer mit positiven Emotionen verbundenen Situation

13

3. Methodische Schritte beim Aufbau von Handlungsmotivation

Im Folgenden erläutern wir unser Vorgehen nach dem Konzept zum Aufbau von Handlungsmotivation anhand dreier Beispiele aus unserer Arbeit im Autismuszentrum.
Die drei autistisch behinderten Personen unterscheiden sich von ihren jeweiligen Voraussetzungen erheblich, so dass die Flexibilität des Ansatzes deutlich wird.

Enrico

Die Ausgangssituation

Enrico (19 Jahre) lernten wir als einen jungen Mann mit einem besonderen Interesse für runde Formen kennen. Er beschäftigte sich die meiste Zeit des Tages in seinem Zimmer mit Bällen und Ballstücken. Er mochte es, seine Ballstücke von einem Behältnis in ein anderes zu schütten. Enrico liebte auch Kartons und vor allem deren Deckel.
Seine Familie beschrieb die Lebenssituation zum damaligen Zeitpunkt als besonders schwierig. Enrico verbrachte die meiste Zeit des Tages in seinem Zimmer. Auf Grund massiver fremdverletzender Verhaltensweisen standen dort kaum Möbel. Ein Schrank war fest in der Wand verankert, Tisch oder Stuhl konnten nicht im Zimmer bleiben. Die anderen Räume der Wohnung blieben verschlossen, um Enrico und die Familie zu schützen. Alle lebten zu diesem Zeitpunkt sozial isoliert, denn eine Teilnahme am öffentlichen Leben mit Enrico war nicht mehr möglich.
Einen sozialen Kontakt zu Enrico aufzubauen gelang nur, indem die Mutter für ihn Bälle zerschnitt. Dies bereitete ihm die größte Freude.
Auf dem Fußboden sitzend, richtete Enrico seine Aufmerksamkeit immer wieder auf seine verschiedenen Ballstücke. Er beobachtete deren Schaukeln auf glatten Oberflächen und sortierte sie.

Enrico an seinem Geburtstag. An seinem Geschenk interessierte er sich vor allem für den Kartondeckel, um seine Ballstücken zu schaukeln.

Felix

Als wir den 5-jährigen Felix und seine Eltern kennen lernten, nahm Felix zu uns Kontakt auf, indem er auf dem Fußboden liegend, unsere Schuhe betrachtete. Er öffnete die Schuhbänder und freute sich später, als er die „Hausschuhsammlung" im Flur entdeckte. In Windeseile ordnete er die Schuhe in eine Reihe und wechselte immer wieder einzelne Schuhe aus. Die Eltern erzählten vom Lebensalltag und davon, dass Felix einen großen Teil des Tages damit verbrachte, nach für ihn wichtigen Schuhen zu suchen, sie zu betrachten und aufzureihen. Menschen und Spielsachen waren ihm weniger wichtig. Die Eltern fragten, wie Felix lernen kann, wenn er sich immer nur mit Schuhen beschäftigt. Kann Felix das Lernen lernen?

Daniel

Daniel war zum Zeitpunkt unseres Kennenlernens 15 Jahre alt und lebte in einem Internat. Daniel hat viele Kompetenzen in der Handlungsplanung und im Merken von Details. Er kann sich sprachlich ausdrücken, aber Wünsche und Gedanken verständlich in Worte zu fassen, ist für ihn eine Herausforderung.

Wir lernten ihn als einen ruhigen Jugendlichen kennen, der mit Vorliebe über Jahreszahlen sprach und sich mit dem Thema „Dachziegel" beschäftigte. Seine Handlungsmotivation bei anderen Themen war deutlich eingeschränkt. Innerhalb des Internates ließ er sich kaum zu einer Aktivität motivieren und zog sich zunehmend in sein Zimmer und seine Zahlenwelt zurück.

Die Mutter berichtete von vielen speziellen Interessen in seiner frühen Kindheit, welche für Daniel damals Lebensfreude bedeuteten. Besonders fasziniert war er von leeren Tetrapaks. Daniel stellte damals mit Hilfe von Klebeband aus diesen Verpackungen verschiedenste Bauwerke her, mit Vorliebe Häuser und Eisenbahnen.

Durch die strukturierte Förderung sollte seine Handlungsfähigkeit wieder umfassend aufgebaut und sein Selbstwertgefühl gestärkt werden.

Erster Schritt – Den Interessen Bedeutung geben

Jedem Förderbeginn geht eine intensive Interessenanalyse voraus. Sich für die Interessen und Vorlieben des Menschen mit Autismus zu begeistern und sie mit ihnen anhaltend zu teilen, ist bedeutsam für die Beziehungsarbeit.

Die Vorlieben und Interessen sind der Lebensinhalt, das Stück Umwelt, welches sie emotional in hohem Maße anspricht, welches sie verstanden haben und dem sie sich eigenmotiviert zuwenden. Das Spiegeln der Vorlieben, Interessen und Aktivitäten ist ein wichtiger methodischer Baustein in der Förderung autistischer Menschen. Förderziel ist hier, über die Sprache der Dinge, eine gemeinsame Sprache zu entwickeln. *(Rollet & Kastner-Koller, 2001)*

Das bedeutet auch, die Aufmerksamkeit auf eine gemeinsame Handlung zu lenken.

Interessen miteinander zu teilen ist ein natürlicher Weg, in eine anhaltende soziale Beziehung zu einem anderen Menschen zu treten und schätzt den Sozialpartner wert. Die Stärken zu erkennen und darauf aufzubauen, bedeutet, die Interessen im ganzheitlichen Förderkonzept zu nutzen und ein Fundament für Lernen, Handeln und Arbeiten zu schaffen.

Enrico

1.1. *Interessenanalyse*

Die Beobachtungen und Befragungen der Eltern und Betreuer der Schule ergaben, dass Enrico sich mit besonderer Vorliebe mit folgendem Material und Aktivitäten beschäftigte:
- Bälle und Ballstücke sortieren und in Bewegung bringen
- Telefonbücher, Zeitungen und Kleidungsstücke reißen
- Ballstückchen auf Tabletts und Brettchen schaukeln

1.2. *Spiegeln der Vorlieben, Interessen und Aktivitäten – gemeinsam aufmerksam sein*

Die Autismuspädagogin begann mit Enrico Kontakt aufzubauen, indem sie Bälle mitbrachte und diese zunächst an der Türschwelle zu seinem Zimmer zerschnitt, ebenfalls sortierte und die verschiedenen Ballstücke in Bewegung brachte. Diese Beziehungsarbeit war notwendig, um Enricos Aufmerksamkeit zu erreichen.

Enricos Ballstücksammlung: ein kleiner Ausschnitt

Felix

1.1. Interessenanalyse

Zum Förderbeginn beobachteten wir Felix in seiner gewohnten häuslichen Umgebung und befragten die Eltern, um Vorlieben und Interessen zu erfahren. Seine große Leidenschaft galt den Schuhen. Aber auch Schnürbänder faszinierten ihn. Konnte Felix zwischen verschiedenen Behältnissen für seine Bänder und Schnüre auswählen, entschied er sich immer für Behältnisse aus Plastik.

1.2. Spiegeln der Vorlieben, Interessen und Aktivitäten – gemeinsam aufmerksam sein

Die Autismuspädagogin konnte über das gemeinsame Handeln und Ordnen von Schuhen in Kontakt und Interaktion gelangen. In den ersten Förderstunden brachte sie Felix verschiedene interessante Schuhe mit. Felix zeigte Interesse an neuen Schuhen und Freude darüber, einen großen Korb auspacken zu können. Die Pädagogin beobachtete, auf welche Art und Weise Felix die Schuhe ordnete, welche Strukturen, Muster, Oberflächen er bevorzugte und in welchem Umfang er seine Handlungen plante.

Daniel

1.1. Interessenanalyse

Die Eltern und Betreuer berichteten von Daniels Interessenspektrum in seiner frühen Kindheit. Meist wechselte eine Leidenschaft mit einer neuen ab. Daniel mochte das Konstruieren mit Legobausteinen und Kartons, insbesondere Tetrapaks; Zahlen wie 44, 88, 33, 99; Details an Fahrzeugen, Uhren und Hinweiszeichen (z.B. Post) und das Vergleichen von DDR-Zeit, DM-Zeit, EURO-Zeit.

1.2. Spiegeln der Vorlieben, Interessen und Aktivitäten – gemeinsam aufmerksam sein

Die Autismuspädagogin baute zu Daniel eine Freundschaft auf, indem sie ihm eine große Anzahl von leeren als auch vollen Tetrapaks mitbrachte. Gemeinsam mit ihm suchte sie nach wichtigen Logos. Sie sortierte die nicht geliebten Logos mit Daniel aus, zeichnete die Packungen für ihn ab, legte sie auf den Kopierer und suchte mit ihm nach spannenden Zahlen.
Diese Beziehungsarbeit war förderbegleitend immer wieder wichtig. Daniel sollte sich ernst genommen fühlen und seine Vorliebe für Details und Zahlen als Stärke wahrnehmen.

Zweiter Schritt: Handlungsmotivation entwickeln

2.1. Um das Interesse für die Förderarbeit nutzen zu können und aufbauend darauf Strukturen erfahrbar zu machen, ist es wichtig, dem Betroffenen zu helfen, die unmittelbar bevorstehende Situation wiederzuerkennen und damit vorhersehbar zu machen.
Das Einführen eines situationsrelevanten Merkmals ist notwendig. Das situationsrelevante Merkmal ist eine wichtige Orientierungshilfe. Es macht dem autistisch behinderten Menschen deutlich: „Was ist hier in dieser Situation relevant, also wichtig für mich?" Das situationsrelevante Merkmal unterstützt den autistischen Menschen, Sicherheit zu erleben, die Situation wiederzuerkennen und sich zunehmend auf inhaltliche Veränderungen einzustellen. Förderinhalte sollen mit Hilfe des situationsrelevanten Merkmals über einen längeren Zeitraum vorhersehbar werden. Konkret bedeutet dies im zweiten Schritt: Das Interesse wird in einer neuen Raum- und Zeitstruktur erlebt.

2.2. Eine qualitative Veränderung der Interessen ist notwendig, um die Aufmerksamkeit zu erhalten und Mut zur Flexibilität gemeinsam zu entwickeln. Diese Veränderungen sind förderbegleitend wichtig.

Enrico

2.1. *Jetzt-Ebene – ein situationsrelevantes Merkmal einführen: Die Interessen in einer neuen Raum- und Zeitstruktur erleben*

Die Autismuspädagogin führte bei Enrico eine blaue Arbeitsunterlage ein. Diese sollte für ihn zunächst das relevante Erkennungsmerkmal einer Anforderungssituation werden. Um Anforderungen positiv zu erleben, begann sie auf der blauen Arbeitsunterlage Bälle zu zerschneiden.
Enrico lernte damit eine neue bedeutsame räumliche und zeitliche Struktur kennen. Er konnte verstehen, „WO" wird mit den Bällen gearbeitet und „WIE LANGE?". Wird die blaue Arbeitsunterlage ausgebreitet, heißt das: Jetzt werden Bälle zerschnitten. Wird die blaue Arbeitsdecke zusammengelegt, wird die zeitliche Struktur visualisiert. FERTIG!.

2.2. *Jetzt-Ebene – altes „Spiel" mit neuem Material (oder neues „Spiel" mit altem Material)*

Als Enrico die neue Lernstruktur zunehmend in seinem Zimmer akzeptieren konnte, nutzte die Pädagogin neues Material, welches sich ebenso wie Ballstücke zum Schaukeln und Zerschneiden eignet.
Das Mitbringen eines Weißkohlkopfes überraschte Enrico.
Die Pädagogin holte den Kohl aus einer Holzkiste, die später einmal Enricos Arbeitsregal werden sollte. Sie zerschnitt den Kohl mit der Schere, Enrico schaukelte die Kohlstücke auf dem Fußboden sitzend. Enrico konnte ein neues Material akzeptieren. Ein wichtiges Stück Beziehungsaufbau war gelungen.

Felix

2.1. *Jetzt-Ebene – ein situationsrelevantes Merkmal einführen: Die Interessen in einer neuen Raum- und Zeitstruktur erleben*

Um Felix eine wichtige Orientierung zu geben, handelte die Autismuspädagogin gemeinsam mit den Schuhen auf der grünen Lerndecke. Felix sollte lernen: WO kann ich mit meinen Schuhen spielen und WIE LANGE? Zu jeder Förderstunde achtete die Pädagogin darauf, die Decke im Raum an einem anderen Platz auszubreiten. Felix sollte aufmerksam beobachten und sich eigeninitiiert der Lerndecke zuwenden.

Ist die Lerndecke ausgebreitet heißt das: JETZT spielen wir mit den Schuhen! Wird die grüne Lerndecke zusammengelegt, kann Felix visuell verfolgen: FERTIG!

2.2. *Jetzt-Ebene – altes „Spiel" mit neuem Material (oder neues „Spiel" mit altem Material)*

Als Felix diese Lernstruktur verstehen konnte und das Ausbreiten der Lerndecke erwartete, brachte die Pädagogin mit dem „alten" Material „neue" Spiele in die gemeinsamen Handlungen ein. Gleichzeitig ergänzte sie das situationsrelevante Merkmal mit einem Plansystem (Aufgabenkiste mit Objektkarte). Die Pädagogin brachte diese gefüllt mit vielen Gummistiefeln mit. Später variierte sie diese Schuhspiele, indem sie beispielsweise in den Gummistiefeln Gegenstände, Folien oder Zeitungen versteckte, die Felix erst herausnehmen musste, ehe er seine geliebten Schuhe ordnen konnte. Felix wurde offener und neugieriger und begann auch diese Überraschungseffekte zu erwarten.

Daniel

2.1. *Jetzt-Ebene – ein situationsrelevantes Merkmal einführen: Die Interessen in einer neuen Raum- und Zeitstruktur erleben*

Als situationsrelevantes Merkmal entschied sich die Autismuspädagogin für ein Auftragsbuch. Auf einem Klemmbrett verdeutlichte sie Daniel, wann die „Tetrapakzeit" beginnt und wann sie endet. Das Auftragsbuch sollte für Daniel auch das relevante Erkennungsmerkmal für eine Anforderungssituation werden. Daniel lernte eine bedeutsame zeitliche Struktur kennen.

2.2. *Jetzt-Ebene – altes „Spiel" mit neuem Material (oder neues „Spiel" mit altem Material)*

Die Vorhersehbarkeit der Aktivität innerhalb der Förderstunde vermittelte Daniel Sicherheit und Vorfreude. Die Pädagogin schlug vor,

aus den vielen gesammelten Tetrapak ein Haus zu bauen. Da sich Daniel früher für Häuser und vor allem für Dachziegel interessierte, nahm er diesen Vorschlag gut an. Das Eisteetütenhaus sollte später Daniels „Kompetenzhaus" werden und jeder Dachziegel für eine erreichte neue Handlungskompetenz stehen.

2.3. Das Vorschalten einer interessenbezogenen Handlung (Motivationsaufgabe) unterstützt das Verständnis und die Akzeptanz für den Bedürfnisaufschub.

Eine Motivationsaufgabe zu entwickeln bedeutet, auf die Interessensanalyse zurückzugreifen und Material zu wählen, welches immer noch im Interessenspektrum liegt.
Die Motivationsaufgabe sollte einen anderen Anforderungscharakter haben als der stark interessenbezogene gemeinsame Austauschprozess, sich von diesem eindeutig unterscheiden und in der Quantität gering sein.

Enrico

2.3. *Erst-Dann-Ebene – eine interessengebundene Übung vorschalten*

Die gemeinsame intensive Beschäftigung mit Enricos neuem Lieblingsmaterial wurde für ihn so spannend und verstärkend, dass er das Kommen der Pädagogin mit deutlicher Freude bemerkte und das Ausbreiten der Arbeitsdecke erwartete. Die Pädagogin ging nun den nächsten methodischen Schritt. Sie schaltete vor die Verstärkeraufgabe „Kohl schneiden" eine Motivationsaufgabe. Die Autismuspädagogin bot Enrico ein anderes interessenbezogenes Material an. Enrico lernte: ERST Zeitung reißen, DANN Kohl schneiden und übte so, sein Bedürfnis, Kohl zu schneiden, für zunächst sehr kurze Zeit aufzuschieben. Die zeitliche Struktur „Erst-Dann" wird durch das Übereinanderstellen der Holzkisten visualisiert.

Felix

Die Autismuspädagogin konnte nun den nächsten Schritt gehen. Sie schaltete vor den gemeinsamen Austauschprozess „Schuhe" eine Motivationsaufgabe.
Sie brachte nun 2 Kisten mit zur Förderung. Felix lernte: ERST die Schuhlöffelaufgabe und DANN Schuhe ordnen.
Das Bedürfnis die Beschäftigung mit seinen Schuhen kurzzeitig aufschieben zu können und sich einer ähnlich spannenden Aufgabe zuzuwenden, ist ein bedeutsamer Schritt beim Aufbau der Handlungsmotivation.
Felix orientierte sich an der grünen Lerndecke:
WO wird gelernt und gespielt?
Die Kisten mit den Objektkarten halfen ihm zu verstehen WAS wird gelernt? In welcher REIHENFOLGE?

Daniel

Daniel erwartete mit Freude das Eintreffen der Autismuspädagogin und orientierte sich am Auftragsbuch. Das Einhalten der Uhrzeit war ihm sehr wichtig. Nun rückte das Vorschalten einer interessengebundenen Motivationsaufgabe in den Mittelpunkt. Daniel lernte, ERST eine Eisteetüten-Freizeitaufgabe zu bewältigen und DANN gemeinsam mit der Pädagogin für das Tetrapakhaus Dachziegel herzustellen.

Auftragsbuch   Eisteetütenübung

Materialkorb: für Dachziegelschneiden

Dritter Schritt: Handlungsraum erweitern

Zu den Lernbesonderheiten autistischer Menschen gehört das Problem der Generalisierung. Das bedeutet, es fällt ihnen schwer, Lerninhalte und Hilfssysteme auf andere Situationen zu übertragen. Aus diesem Grund ist es wichtig, frühzeitig die räumlichen und personellen Bedingungen der Förderung flexibel zu gestalten. Den Handlungsraum erweitern bedeutet, die ERST-DANN-Handlungen an einem neuen Ort (3.1.) oder mit einer anderen Person (3.2.) zu üben. Diese Stufe kann beginnen, wenn das situationsrelevante Merkmal eine wichtige Orientierungshilfe und damit Sicherheit für den autistischen Menschen geworden ist.

In dieser Phase der Entwicklung von Handlungsmotivation geht es immer noch um das Entwickeln und Erlernen des Systems und nicht um die eigentliche Lern- oder Arbeitshandlung. Notwendig ist es vielmehr, eine ausbaufähige Lernbasis zu schaffen, die in alle späteren Handlungsbereiche übertragen werden kann.

Ziel ist, Strukturen flexibel zu erlernen und damit das Verhalten angemessen regulieren zu können. So wird angestrebt, die bekannte Situation in neuen Umfeldern zu erfahren und wieder zuerkennen. Das Einbeziehen neuer Personen schult den autistischen Menschen, sich an dem situationsrelevanten Merkmal zu orientieren und nicht von bestimmten Bezugspersonen abhängig zu werden. Dem Umfeld hilft diese frühzeitige Generalisierung, den Förderweg zu verstehen und zu verfolgen.

Enrico

3.1. *ERST-DANN-Ebene im neuen Handlungsraum üben*

Enricos neuer Handlungsraum sollte der Arbeitstisch werden. Vom Fußboden zum Tisch zu wechseln, um zu arbeiten, war für ihn eine große Herausforderung. Tischsituationen sind für Enrico und sein soziales Umfeld mit vielen negativen Erfahrungen verbunden.
Enrico konnte selbst bei den Mahlzeiten nicht lange mit der Familie am Tisch sitzen. Zu den Förderstunden räumten die Eltern gemeinsam mit der Autismuspädagogin einen schweren Tisch sowie einen bequemen schweren Sessel in das Zimmer. Enrico übte, die erlernten ERST-DANN-Aufgaben nun am Tisch zu bewältigen.

Nachgestellte Situation einer
Arbeitsnische mit Fertigregal

3.2. *ERST-DANN-Ebene mit neuer Person üben*

Zum ersten Unterstützerkreis *(Schatz et al. 2008)* für Enrico wurden seine Eltern, die Betreuer der Förderwerkstatt sowie das Sozialamt einbezogen. Im Unterstützerkreis wurde der bisherige Förderverlauf aufgezeigt und darauf aufbauend folgende Aufgaben festgelegt: die Betreuerin der Werkstatt hospitiert in der Autismusförderung, die Autismuspädagogin übt das oben beschriebene System im Förderbereich der Werkstatt, das situationsrelevante Merkmal (blaue Arbeitsunterlage und Arbeitsregal) wird durch die Betreuer auch im Förderbereich der Werkstatt eingesetzt.

Felix

3.1. ERST-DANN-Ebene im neuen Handlungsraum üben

Felix neuer Handlungsraum wurde der Tisch im Kinderzimmer. Dies war ein wichtiger Schritt hinsichtlich der Schulvorbereitung. Felix sollte erfahren, lernen am Tisch ist toll. Die Autismuspädagogin breitete gemeinsam mit Felix die grüne Lerndecke auf dem Tisch aus und stellte die ERST-DANN-Kisten in das Regal. Felix übte sich, im Lernen am Tisch und zunehmend konnte die Pädagogin die Quantität der Motivationsaufgaben erhöhen und achtete auf die qualitative Veränderung des gemeinsamen Austauschprozesses.

3.2. ERST-DANN-Ebene mit neuer Person üben

Als sich Felix diesen neuen Handlungsraum erschlossen hatte, wurden im Unterstützerkreis die nächsten Generalisierungsschritte beraten. Das Lernsystem sollte als nächstes durch die Autismuspädagogin in den Kindergarten übertragen und darauffolgend auch durch die Kindergärtnerin begleitet werden. Felix übte nun einmal täglich im Kindergarten das Lernen am Tisch.

Daniel

3.1. ERST-DANN-Ebene im neuen Handlungsraum üben

Auch in der Schule und im Elternhaus nutzten die Unterstützer das Auftragsbuch auf der ERST-DANN-Ebene. Einmal täglich visualisierten sie eine Motivationsaufgabe und einen gemeinsamen Austauschprozess, welcher sich deutlich von der allgemeinen Tagesstruktur hervorhob, um Daniels Aufmerksamkeit und Motivation zu erhalten.

3.2. ERST-DANN-Ebene mit neuer Person üben

Daniels Herausforderung bestand im Einüben dieses strukturierten Arbeitssystems mit neuen Personen. Die Mitarbeiter des Internats beobachteten das Auftragssystem während der Förderstunden und übten mit dem Auftragsbuch: ERST eine kurze Hausarbeit, DANN Steine für das Kompetenzhaus schneiden (s. Abb.).

Daniels Auftragsbuch

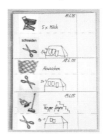

Vierter Schritt: Arbeitsroutinen und Zeitabläufe erfahren

4.1. Das Lernen, Handeln und Arbeiten tritt in dieser Stufe mehr in den Vordergrund. Die autistischen Menschen lernen, ein Bedürfnis aufzuschieben und sich zuvor einer interessengelösten Lern- oder Arbeitsaufgabe zuzuwenden. Interessengelöst handeln bedeutet jedoch weiterhin grundlegend, Lernen und Arbeiten als eine angenehme Situation zu erleben und durch die eigentliche Arbeitshandlung motiviert zu sein.

Das Vorschalten einer interessengelösten Lern- oder Arbeitsaufgabe lenkt die Aufmerksamkeit des autistischen Menschen auf eine neue Handlungsebene. Die interessengelöste Lern- oder Arbeitsaufgabe ist zu Beginn sehr kurz, überschaubar und hat ein geringes Anforderungsniveau. Wichtig ist, dass der Betroffene mit dieser Anforderung eine positive Erfahrung verbindet und nicht daran scheitert. Die darauf folgende interessengebundene Motivationsaufgabe kann sich nun in der Quantität deutlich erhöhen, um Konzentration und Ausdauer zu entwickeln.

Der abschließende gemeinsame Austauschprozess hat einen deutlich verstärkenden Aspekt. Veränderungen sind vor allem in der Qualität möglich und wichtig. Die Bewältigung einer ersten Arbeitshandlung vor den anschließenden verstärkenden Aufgaben bedeutet, dass eine basale Handlungsmotivation entwickelt werden konnte.

4.2. Generalisierung der Raum- und Zeitstrukturierung an verschiedenen Orten / mit verschiedenen Personen.

Enrico

4.1. *Arbeitsverhalten aufbauen –
eine ERST-Arbeitshandlung vorschalten*

Enricos ERST-Arbeitshandlung wurde das „Sortieren von Schrauben und Muttern" in einer geringen Anzahl. Die Pädagogin überlegte sehr genau, welches Material sie so anbietet und aufbereitet, dass Enricos Motivation erhalten bleibt. Darauf folgte die ERST-Motivationshandlung „Zeitung reißen und aufspießen" (Abb.). Die Arbeitssequenz wurde mit einem gemeinsamen Austauschprozess „Apfelstücke schneiden" beendet (s. Abb.).

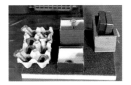

ERST: Enrico sortiert Schrauben und Unterlegscheiben in 2 kleine Kartons. Das Sortiermaterial zum einzelnen Entnehmen ist in einem Eierkarton angeordnet. Die Deckel der Kartons bekommen während des Sortierens einen Aufbewahrungsplatz.

ERST: Enrico entnimmt von der linken Seite Zeitungsstücke, zerreißt sie und steckt sie auf. Die Aufgabe ist in einer Kiste organisiert.

DANN: Auf dem Arbeitstablett sind die Materialien so organisiert, dass Enrico eigenständig Äpfel zerschneiden kann. Die Apfelstückchen eignen sich hervorragend zum Schaukeln auf dem Brett. Gemeinsam mit der Pädagogin belegt er den Boden für den Apfelkuchen.

Felix

4.1. *Arbeitsverhalten aufbauen –*
eine ERST-Lernhandlung vorschalten

Das Vorschalten einer interessengelösten Lernaufgabe lenkte die Aufmerksamkeit von Felix auf eine neue Handlungsebene. Felix erste interessengelöste Lernaufgabe wurde das Einsortieren eines kleinen Materialschränkchens. Das Akzeptieren einer interessengelösten Handlung zeigte, dass Felix eine basale Lernmotivation ausgebildet hatte. Er konnte sich an den Plan-Kisten orientieren und innerhalb einer kurzen Sequenz vorhersehen, wann er seiner Leidenschaft für Schuhe nachgehen kann. Diese Sicherheit zu erleben und das vorsichtige Heranführen an das Handeln mit anderen Materialien, die immer bedeutsamer für Felix wurden, verstärkte sein Bedürfnis nach lernfördernder Beschäftigung.

Die Plan-Kisten sind mit Foto- und Symbolkarten gekennzeichnet. Der grüne Punkt symbolisiert die grüne Lerndecke.

ERST: Material in ein Schränkchen einordnen.

ERST: Mit der Schuhputzschürze die Schuhe putzen.

DANN: Gemeinsam Lotto spielen.

Daniel

4.1. *Arbeitsverhalten aufbauen –*
eine ERST-Arbeitshandlung vorschalten

ERST-Arbeitshandlung
Förderziel für Daniel war die Auseinandersetzung mit seiner eigenen Person. Gemeinsam mit der Pädagogin arbeitet er am Thema „Jemand so wie ich". Auf einem Dachziegel wurde das jeweilige Thema visualisiert und am Haus als erarbeitete Kompetenz / Wissen angebracht.

ERST-Motivationsaufgabe
Das Anbringen der Dachziegeln („Kompetenzen"), war für Daniel eine wichtige Motivation. Sein Ziel war es, sich 88 Dachziegel zu erarbeiten.

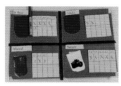

Verstärkerdachziegel mit Thema und Abkreuzsystem

DANN-Der gemeinsame Austauschprozess
Handlungen, die mit Bewegungen verbunden waren, sollten Daniel anregen, sich wieder mehr außerhalb seines Zimmers aufzuhalten. Sein Interesse für Details und Symbole seiner Umgebung nutzte die Pädagogin, um während der Spaziergänge durch Daniels Wohnort, nach Zeichen zu suchen und diese zu fotografieren.

Gullydeckel und Briefkasten

Fünfter Schritt: Erweiterung der Kompetenzen in den Entwicklungsbereichen Eigenständigkeit, Lernen/Arbeiten, Kommunikation und Verhaltensmanagement

Auf dieser Stufe der Entwicklung von Handlungsmotivation, kann die Förderarbeit inhaltlich erweitert werden. Förderziele für die Entwicklungsbereiche Eigenständigkeit, Lernen / Arbeiten, Kommunikation und Verhaltensmanagement werden in Unterstützerkreisen beraten *(Schatz & Schellbach, 2003)*.

Weiterhin wichtig ist es, immer wieder motivierende interessenbezogene Aufgaben einzubauen und die gemeinsamen Austauschprozesse qualitativ weiterzuentwickeln. Sie sind die Grundlage für nachhaltige Strukturen. In Krisenzeiten ist das Zurückgreifen auf interessengebundenes gemeinsames Tun ein wichtiges Mittel, um Hilfssysteme zu installieren.

Schlussbemerkung

Mit Enrico, der vor 13 Jahren in unser Autismuszentrum kam, lernten wir, dass die Förderarbeit nach dem TEACCH-Ansatz nicht einfach, schnell und leicht beginnen kann. Vielmehr ist uns bewusst geworden, dass kleine Schritte und besondere Wege notwendig sind, um den Strukturen und visuellen Hilfen eine Bedeutung zu geben. Besondere Wege zu gehen heißt hierbei, Förderarbeit inhaltlich immer wieder auf die Interessen des autistischen Menschen abzustimmen. Aus Enricos Weg hat sich mittlerweile ein umfassendes Förderkonzept in unserem Autismuszentrum entwickelt. Den Interessen unserer Kinder, Jugendlichen und Erwachsenen Bedeutung zu geben, hilft ihnen, ihre Individualität zu wahren.

Enrico

Strukturierende Maßnahmen in verschiedenen Lebensbereichen – quantitative und qualitative Erweiterung der Förderinhalte

Zu diesem Zeitpunkt besprach die Pädagogin mit den Eltern die weiteren Entwicklungsschritte. Die Eltern äußerten den Wunsch, für Enrico ein altersentprechendes Wohnumfeld zu suchen. Aufgabe der Autismusförderung war somit, die Eltern in diesem Prozess zu unterstützen und das zukünftige Lebensumfeld Enricos umfassend anzuleiten.

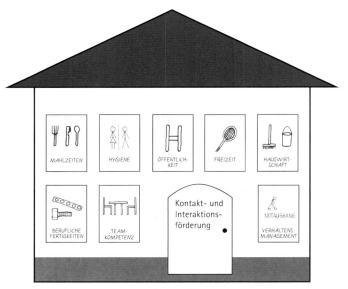

Förderschwerpunkte in den verschiedenen Lebensbereichen

Felix

Fünfter Schritt: Erweiterung der Kompetenzen in den Entwicklungsbereichen Eigenständigkeit, Lernen, Kommunikation und Verhaltensmanagement

Auf dieser Stufe der Entwicklung von Handlungsmotivation wurde die Förderarbeit inhaltlich erweitert. Im Unterstützerkreis wurden die Förderschwerpunkte hinsichtlich der Schulvorbereitung festgelegt.

Daniel

Fünfter Schritt: Erweiterung der Kompetenzen in den Entwicklungsbereichen Eigenständigkeit, Lernen/Arbeiten, Kommunikation und Verhaltensmanagement

Das Auftragsbuch wurde für Daniel eine wichtige Orientierungshilfe, die ihm Unterstützung beim Verstehen und Akzeptieren von Aktivitäten und Ereignissen gab. Das Auftragsbuch wurde in alle Lebensbereiche übertragen, um Handlungen zu visualisieren, die Daniel möglichst allein bewältigen kann.

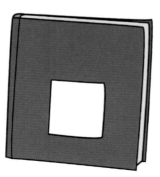

Kompetenzmappe

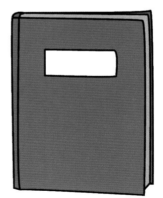

Das Auftragsbuch

Den Räumen Bedeutung geben

„Jeder Schüler hat drei Lehrer: die anderen Kinder, den Lehrer und den Klassenraum" (schwedisches Sprichwort). Demnach kann man den Raum als „dritten Pädagogen" bezeichnen. Die Strukturierungs- und Ordnungsprinzipien des TEACCH-Ansatzes finden sich in verschiedenen pädagogischen Konzepten wieder.

Das Besondere ist, die Grundregeln des Ordnens und Kategorisierens der materiellen Umgebung für und mit autistischen Menschen bedeutsam zu erarbeiten. In einem Förder- oder Gruppenraum als auch in einer Wohnumgebung sind die Kinder, Jugendlichen und Erwachsenen mit verschiedenen Anforderungen und Aktivitäten konfrontiert.

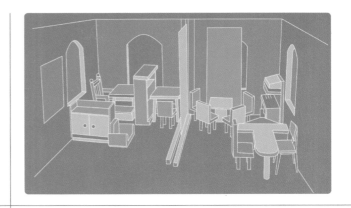

2

Oftmals werden in einem Raum Beschäftigungen; Lern- und Arbeitstätigkeiten durchgeführt - aber auch die Mahlzeiten werden hier eingenommen sowie die Ruhe- und Pausenzeiten gehalten.

Die verschiedenartige Nutzung eines Raumes macht eine differenzierte Raumaufteilung mit differenzierter Ausstattung notwendig. Eine räumliche Abgrenzung der einzelnen Aktivitätsbereiche gegenüber der Gesamteinrichtung hat sich für eine ruhige Lernumgebung und einen harmonischen Tagesablauf bewährt.

Constanze betritt den Eingangsbereich mit Garderobe und Informationswand. Im vorderen Bereich befinden sich verschieden große Stühle. Constanze sucht den für ihre Größe passenden Stuhl. Um Constanze die Konzentration auf das Auskleiden zu erleichtern, kann der gegenüber hängende Jahreszeitenspiegel mit einem Stoffrollo verdeckt werden. Im hinteren Bereich des Flures befindet sich die Informationswand mit den Zeitplänen.

Heute ist Kindergruppe. Die Kinder hängen ihre Jacken zu ihrem jeweiligen Symbol. Kathrin und Thomas brauchen dabei Hilfe und nutzen die kleine Hakenleiste mit geraden Haken. Hängt die Jacke, nehmen die Kinder ihr Symbol ab und checken damit an ihrem Stuhl im Gruppenraum ein.

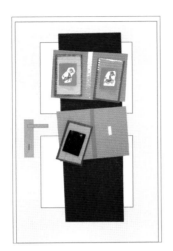

Durch die räumliche Anordnung der Schuhbank und der Hocker ist eine Garderobennische entstanden, welche Jonas hilft, die Anforderungen des Ausziehens zu bewältigen.

Das grüne Sitzkissen „sagt": Bitte hier hinsetzen! Marie übt, verschiedene Sitzgelegenheiten zu benutzen, indem sie sich immer wieder an ihrem Sitzkissen orientiert. Dieses Kissen hilft ihr auch zu Hause und im Kindergarten, verschiedene Stühle an verschiedenen Orten zu akzeptieren.

Wohin soll ich meine Schuhe stellen? Die Unterlage neben dem Stühlchen hilft Alfons, seine Schuhe richtig abzustellen. An der Hakenleiste hängt sein Strumpfbeutel. Alfons mag Phil Collins.

Der Raum

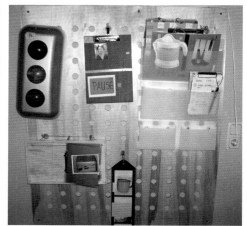

Hier sind verschiedene Informationswände mit Plänen auf unterschiedlichem Abstraktionsniveau abgebildet. Im Regal unterhalb der Pläne befinden sich die Pausentaschen der Schüler einer Schulklasse.

An allen Türen befinden sich „Eincheckhilfen". Die vom Plan entnommenen Karten werden an den entsprechenden Türen zugeordnet. Visualisierte Signalworte verdeutlichen den Handlungsauftrag. Dies ist besonders wichtig, um eine Orientierung im Raum als auch zwischen verschiedenen Räumen weitgehend eigenständig zu ermöglichen.

Soll Sven einen Raum wechseln, bekommt er ein Objekt als Übergangshilfe vom Unterstützer gereicht. Er hängt dieses an die entsprechende Türklinke und betritt den Raum.

Diese Eincheckhilfen für Regine sind an Türen als auch an den verschiedenen Arbeitsnischen im Klassenraum angebracht. Sie orientiert sich an ihrem Plan und checkt im roten Feld ein.

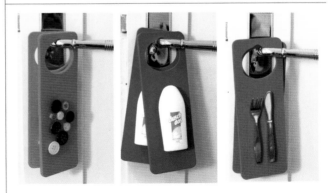

Lisa nutzt schon Objektkarten, welche sie von ihrem Plan entnimmt.

Im Frühförderraum

In einem Raum mit verschiedenen Funktionsbereichen ist es wichtig, diese verschiedenen Bereiche kenntlich zu machen. Schränke als Raumteiler minimieren die Reize, helfen Nischen zu schaffen und bieten gleichzeitig Stauraum. Farbe schafft Klarheit. Raumteiler / Schränke, dessen Seiten in verschiedenen Farben gestrichen sind, definieren die separaten Bereiche.

Auch Teppiche können einen Raum im Raum schaffen. Luise findet ihren Sitzplatz auf den blauen Kissen. Sie erwartet die Begrüßungssequenz.

Die Eltern beobachten von „ihrem" Platz aus das Geschehen. Im Frühförderraum dient diese Sitzbank gleichzeitig als Stauraum für das Fördermaterial.

Ein mobiler Raumteiler kann Räume verkleinern und Handlungsorte voneinander abtrennen. Der Raumteiler kann immer wieder flexibel gestaltet werden. Rechts: Der Raumteiler wird als Puppentheater genutzt; links: am Raumteiler befindet sich ein Ablaufplan für Luises Puppenpflege.

Die Anordnung der Möbel verdeutlicht Luise die Erwartungshaltung an die nachfolgende Situation: Hör gut zu!
Der Tisch ist so aufgestellt, dass Luise durch die gegenübersitzende Pädagogin unterstützt bzw. unterrichtet wird.

Der Lernplatz zum selbständigen Handeln ist mit der grünen Arbeitsdecke codiert. Der Tisch hat die Funktion eines Einzelarbeitsplatzes. Die einzelnen Aufgaben sind im Arbeitsregal angeordnet. Luises Motivation ist deutlich erhöht, wenn sie zu Beginn die Lampe ein- und am Ende wieder ausschalten kann.

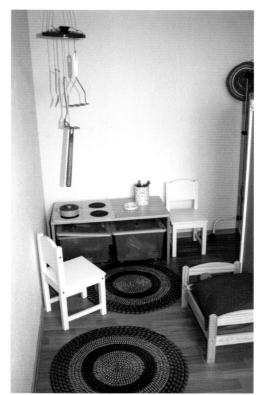

In einer Nische des Raumes befindet sich eine Puppen- und Spielecke. Hier ist das entsprechende Spiel- und Fördermaterial in den blauen Kisten unter dem „Herd" untergebracht. Gut durchdachte Ordnungsprinzipien ersparen ständiges Aufräumen und schaffen Zeit für Wichtiges. Das ist die Förderung und das Spielen.

Der große Frühförderraum

Ein Lernplatz zum Sitzen: Das Material zum Handeln ist übersichtlich angeordnet. Lars kann sofort beginnen, wenn er den Lernplatz für sich entdeckt hat.

Ein Raum in einem Raum:
Sind Räume für das Kind zu groß oder zu reizintensiv, kann ein besonderer Lernplatz geschaffen werden, indem ein großer Karton als Lernort aufgestellt wird (Waschmaschinenverpackungen sind wunderbare kleine Räume).

Die verschiedenen Lernplätze sind in Nischen angeordnet. In diesen als auch auf dem Weg durch den Raum, erlebt Lars „Anhaltspunkte" an verschiedenen Orten, in verschiedenen Höhen. Er kann sowohl in seinem kleinen Kartonraum verweilen, im Sitzen oder im Stehen handeln.

Die Kindergruppe gestaltete für Lars ein Pausenhaus mit Wartekissen.

Mobile Lernorte für die ganz Kleinen: Ein umfunktioniertes Serviertablett folgt als Lernplatz dem krabbelnden Emil. Es lenkt seine Aufmerksamkeit auf den gemeinsamen Austauschprozess.

Die Lernplätze im Stehen helfen Karl, sich den Handlungen zuzuwenden. Stühle verbindet er mit negativen Erlebnissen.

Ein Raum im Raum: Die Paravents verkleinern den Raum und schaffen eine Lernnische. Theo orientiert sich an seinem Kistenplan.
ERST: Gemeinsam trommeln und singen wir auf dem Teppich. ERST: Theo lernt am Tisch.
DANN: Endlich ist Fußmassagenzeit auf dem weichen Kissen.

Carolin lernt an ihrem Platz allein. Sie nimmt die Aufgaben links vom Aufgabenregal, erledigt sie und schiebt sie dann in die große „FERTIG-Kiste". Später wird sie ihrer Mutter von der Förderstunde erzählen. Dazu nutzt sie die im blauen Korb gesammelten Objekte. Sie überreicht diese an die Mutter, während die Pädagogin vom gemeinsamen Lernen und Spielen berichtet.

Michael lernt allein. Gustav hat seinen Lernauftrag schon erledigt. Die Abgrenzung zwischen den beiden Arbeitsplätzen besteht aus drei alten Kindergartenliegen, welche wie eine Ziehharmonika zusammen gefaltet werden können.

Beim Unterrichten sitzen sich Jan und die Pädagogin gegenüber.

In einer Nische kann Arthurs Mutter die Förderstunde beobachten.

Das Abhängen des Spielzeugschrankes mit einer großen roten Decke unterstützt Daniel darin, im Raum zu lernen.

Die rote Fertig-Kiste steht erhöht im Raum. Daniel beobachtet aufmerksam, wie die Pädagogin eine Handlung beendet, indem sie das Material in diese Kiste legt.

Markus übt das Zuhören und Verfolgen einer Spielhandlung im roten Sitzsack. Die Nische hilft ihm, seine Aufmerksamkeit darauf zu richten. Der bequeme Ort zum Sitzen erhöht seine Ausdauer dabei.

Auf dem Teppich spielen Finn, sein Vater und die Pädagogin gemeinsam mit den Kugeln. Die roten Kissen „sagen": Bitte hier hinsetzen!

Matthias findet seinen Sitzplatz.

Auch mit Wartehilfen können Räume strukturiert werden und gleichzeitig Orte zum Verweilen sein.
Anke mag es, wenn die Stoffbänder in der Luft wedeln. Silas liebt es, die bunten Muffinformen an den Stricken zu verschieben.

Franz checkt mit seiner Objektkarte am Arbeitstisch ein. Er bewältigt 2 Aufgaben und orientiert sich dann wieder an seinem Plan.

Uta arbeitet allein. Benötigt sie Hilfe, benutzt sie die Klingel.

Arbeitsplätze

Arbeitsplätze

Arbeitsplätze

Justus arbeitet am liebsten, wenn sein Einzelarbeitsplatz so angeordnet ist, dass er das Geschehen im Raum verfolgen kann.

Ein Schrank und das Bücherregal grenzen die Arbeitsplätze von den anderen Funktionsbereichen ab. Das Besondere: Die Lernaufgaben befinden sich im mittleren Fach des Regals.

Arbeitsplätze im Grünen Raum

Die grünen Wandflächen wählten wir nach dem Ampelprinzip:
Los geht es! Hinter dem Paravent befindet sich der Platz zum
Unterrichten, in einer Nische die Arbeitsplätze zum eigenstän-
digen Arbeiten. Constanze nimmt ihre Karten vom Plan und ordnet sie den entsprechenden Handlungs- oder Lernorten zu.

Im grünen Raum befindet sich auch ein Pausen- und Kommunikationsort.
Dieser Bereich unterscheidet sich farblich und ist durch einen Teppich als auch einen Schrank abgegrenzt.

Constanze trägt ihren Geschirrkorb von der Küchenarbeitsplatte zum Esstisch. Dort entrollt sie ein Platzdeckchen und deckt ihren Platz ein. Diese Strukturierung der „Arbeitsfläche" unterstützt sie darin, den Handlungsraum der anderen Personen zu erkennen und zu akzeptieren.

Mario arbeitet in der Küche. Er schneidet eine Kiwi in „Räder". Zuerst nimmt er das Messer, dann die geschälte Kiwi und danach legt er die Scheiben in die Schüssel. Fertig. Mario geht mit seiner Schüssel zum Esstisch.

Karsten räumt den Einkauf aus. Er ordnet am Tisch die Wurst- und Käseprodukte in die blauen Behältnisse und trägt sie dann zurück in den Kühlschrank.

Lebensmittel und Küchenmaterial sind in 2 verschiedene Schrankabteilungen geordnet. So kann Max besser die Kategorien erkennen und verstehen lernen.

Wo ist das Besteck? Sabine orientiert sich an den Miniaturen, welche außen am Besteckkasten angebracht sind.

48

Johanna lernt Schrankordnungen zu verstehen. Sie ordnet im Kaufmannsladen die Nahrungsmittel in die einzelnen Fächer ein.

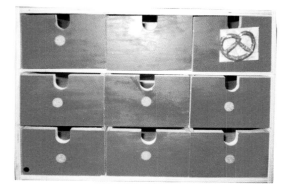

Susanna übt sich darin, auf bedeutsame Fotos zu achten. Jeden Tag verändert die Mutter den Ort des Brezelfaches.

Herr Schmidt sortiert Besteck.

Wo gehört etwas hin? Die klare Anordnung des Geschirrs spricht für sich. Es entstehen „unsichtbare" Strukturen.

Mit flexiblen Vorhängen können Räume verkleinert und Arbeitsnischen geschaffen werden.

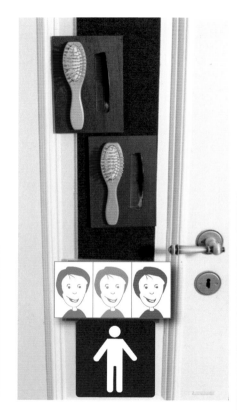

Eine Kuschelkabine ist im Badezimmer entstanden.

Während des Klassenprojektes „Mädchen und
Jungen" üben sich die Schüler darin, ge-
schlechtsspezifische Unterschiede zu erfahren.
Felix, Justus und Jonas finden ihre Jungentoi-
lette anhand ihrer Fotos / Zeichnungen.

Raumstrukturen im Badezimmer: Ein Vor-
hang „sagt": Stop! Bitte Hände waschen!
(nicht zur Badewanne gehen). Anna liebt es,
Taschen auszupacken. Neben dem Wasch-
becken hängen ihre Pflegeutensilien in kleinen durchsichtigen Taschen am Haken. Anna
handelt von links nach rechts und legt alle
benutzten Sachen in die blaue Fertigwanne.

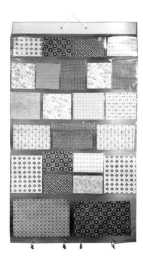

Immer noch im Badezimmer:
ein Raumteiler (Fotowand mit Schmuckpapier) schafft Nischen;
ein offenes Regal lädt zum Handeln im Kreativitätsbereich ein.

Die Schüler checken mit ihrer Plankarte in der Mitte des Morgenkreises ein. Franz findet seinen Sessel sofort. So fällt ihm das Sitzenbleiben leichter.

Jan, Kathrin, Silke und Yvette beim Begrüßungsritual: Wer darf zuerst trommeln? Das Trommelfoto liegt am Platz. Jan beginnt, sucht sein Foto und steckt es sich an.

Wer ist heute zur Sozialgruppe gekommen? Alle Teilnehmer stecken ihren Namen an den Schuh.

Jeder Schüler findet das mit seinem Namen versehene Sitzkissen.

Beratungsecke mit Wartekissen: Marie übt das Warten. In ihrem Wartekissen ist eine Kuscheldecke eingenäht. Schläft Marie ein, hat ihre Mutter immer Kissen und Decke dabei.

Im unteren Fach des Bibliothekschrankes befindet sich ein Spielbereich. So kann Felix während der Beratung im Raum anwesend sein und spielen.

54

Rundgänge

Bei der Ausstattung und Gestaltung von Räumen gehen wir im Konzept KleineWege® von den in den einzelnen Bereichen zu lösenden pädagogischen Aufgaben aus als auch von den Tätigkeiten, die in diesen Räumen oder Raumnischen ausgeübt werden. Eine immer gleiche Stellung der Möbel als auch feste Nischen und Abgrenzungen können jedoch dazu führen, dass die Möbel und Raumkonzepte gar nicht mehr bewusst als räumliche Gestaltung wahrgenommen werden. Eine immer gleich bleibende räumliche Gestaltung fördert nicht die Aufmerksamkeit und enthält keine für den Benutzer überraschenden Elemente mehr.

55

3

Aus diesem Grund empfehlen wir:
Auf feststehende Raumteiler zu verzichten, vor allem in kleinen Räumen. Jeder Raum sollte trotz Standardisierung der Bauweise, der Sicherheitsvorschriften, der Möbel... einmalig und unverwechselbar sein, individuelle und persönliche Interessen und Bedürfnisse der Menschen und Unterstützer, die in diesem Raum lernen, arbeiten und leben sollten deutlich werden. Die Anordnung raumgestaltender Elemente entscheidet in hohem Maße über die ästhetische Ausstrahlung eines Raumes und damit über das Wohlbefinden *(Arndt & Burmeister, 1978).*

Eine Frühförderstunde mit Sebastian:

Der Frühförderraum ist in Lern- und Handlungsnischen unterteilt.

Sebastians Plan für die Förderstunde.

Der Teppich mit Sitzkissen zur Begrüßung.

Blick auf den Arbeitsplatz (links), welcher durch ein Paravent vom Begrüßungsteppich abgegrenzt ist.

Der Handlungsbereich „Fussbad" ist vom Begrüßungsteppich durch einen Schrank getrennt.

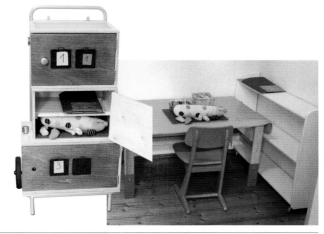

Sebastian findet auf dem Teppich seinen Sitzplatz. Nach dem gemeinsamen Begrüßungslied schaut er auf seinen Plan. Im ersten Fach ist eine Autoaufgabe versteckt. Sebastian checkt mit der grünen 1 am Aufgabenwagen ein, öffnet das Fach und trägt die Aufgabe gemeinsam mit der Pädagogin zum Teppich. Im Fach 2 befinden sich alle Aufgaben für das Lernen. Im Fach 3 die Flasche, welche symbolisiert: Jetzt ist Fußbadzeit.

Eva und ihre Familie –
Ein Rundgang durch die Wohnung

Der Gummistiefelparkplatz.

Ein Lernbereich im Kinderzimmer: Setzt sich Eva an den Tisch, schaltet sie die Lampe an, beendet sie ihr Handeln, wird das Licht ausgeschaltet.

Eva zieht sich an: An den Schrankfächern hängen die Zeichnungen der Kleidungstücke. Eva öffnet gemeinsam mit Mama das Fach, entnimmt das Kleidungsstück und zieht es an, schließt das Fach wieder und dreht das Schildchen um.

Durch einen Teppich und Schränke als Raumteiler entstehen Aktivitätsbereiche: Links ist der Lernplatz und rechts befindet sich die Puppenecke.

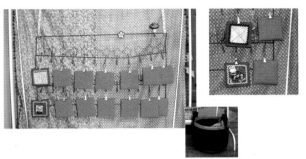

Evas Tagesplan: Am Morgen deckt Eva gemeinsam mit Mama oder Papa die Tageskarten auf. Es gibt eine Karte für den Vormittag und eine für den Nachmittag: Erst in den Kindergarten gehen, dann besuchen wir am Nachmittag Ulrike. Am Abend kommen die Tageskarten in den Fertigkorb.

Neben Evas Kinderküche steht rechts ein großer „Flaschenautomat". Jeden Tag steckt sie dort die leeren Flaschen ein. Ist der Karton voll, fährt sie mit Papa in den großen Supermarkt.

Schrankordnung ist toll. Eva stellt Tassen und Becher in einer Reihe auf. Die rote Schmuckmarkierung hilft ihr dabei.

Manchmal mag Eva Tapete so sehr, dass sie während der Mittags-schlafzeit kleine Stückchen von der Wand zieht. Die Mutter klebte immer wieder Schmucktapete auf, so dass ein wunderschönes span-nendes Muster entstand.

Eva hat eine kleine Schwester. Möchte diese in Evas Kinderzimmer spielen, stehen für sie eine eigene „Eva-Kinderzimmer-Spielzeugta-sche" und ein großer roter Hüpfeball auf dem Schrank bereit. So ge-lingt es den Eltern, dass beide Kinder in einem Zimmer spielen.

Kommt Eva aus dem Kindergar-ten, stellt sie ihre Schuhe auf der markierten Unterlage ab und hängt die Jacke an ihren Haken.

Im Wohnzimmer der Eltern steht auch ein „Wohnzimmer-Spiel-zeugkorb" für Eva. Sie lernt: im Wohnzimmer spiele ich immer mit diesen Spielsachen aus diesem Korb.

In der Gärtnerei hilft Eva ihrer Mutter, leere Blumentöpfe in das Regal zu ordnen und wartet dann auf ihre nächste Aufgabe.

In Mama`s Gärtnerei

Eva beobachtet gern ihre Mutter. Bei einigen kleinen Aufgaben kann sie mithelfen.

Blumen gießen macht großen Spaß. Alle Töpfe stehen zum Bewässern auf dem Arbeitstisch. Dann werden sie gemeinsam zurück auf die Markierungen gestellt.

Arbeiten im Stehen: Auf dem Boden liegt zur Orientierung eine Fußmatte. Diese „sagt": Bitte stell dich hier hin, dann kannst du besser beobachten!

Eva stellt zusammen mit ihrer Mutter Tischschmuck für den Winterbalkon her.

Pause: Auf dem kleinen Stühlchen mit Wartekissen kann Eva sich ausruhen.

Ein Blick in den Materialraum unseres Autismuszentrums: Alles hat seine Ordnung!

Beratung und Planung ist die wichtigste Vorbereitung einer Förderstunde.

Das Material und der Förderraum kommen zum Kind: Alles wird verpackt und...

...dann wird es ZEIT, sich auf den Weg zu machen.

Die Zeit ist schwierig zu verstehen

Was ist eigentlich ZEIT? Warum vergeht Zeit manchmal so langsam und dann wieder so schnell? Unser Biorhythmus läßt uns eine Art „innere Uhr" erfahren, im Lebensalltag orientieren wir uns jedoch eher an den Abfolgen von Aktivitäten, welche wir planen oder gerade erleben. Jeder Mensch, ob mit oder ohne Autismus hat und braucht in seinem Leben zeitliche Orientierung. Angefangen vom Wecker am Morgen, über den klassischen Wochen- und Jahresplaner bis hin zum Adventskalender in der Weihnachtszeit.

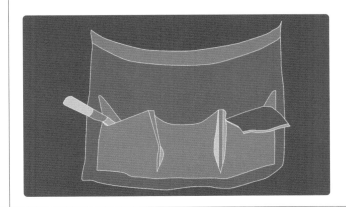

4

Jedoch gilt immer:
- Nicht alles „verplanen", sondern das Wesentliche und Bedeutsame überschaubar und vorhersehbar darstellen = Weniger ist mehr!
- Pläne sollten spannend und interessant sein, sich in der ästhetischen Aufbereitung und Gestaltung verändern, um die Aufmerksamkeit und das Interesse zu erhalten.

Pläne im JETZT

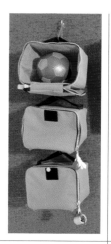

Leonard liebt Taschen. An seinem Plan öffnet er eine Tasche und entnimmt das visualisierte Signalwort der unmittelbar folgenden Handlung: Jetzt spielen wir mit dem Ball.

Linda schaut auf ihren Fotokartenplan. Sie zieht das Foto vom Plan ab und checkt damit am Handlungsort ein. Vor der nächsten Aktivität wird umgeblättert.

Ronalds Mutter zeigt ihm vor einem Situationswechsel ein Objekt, um ihm den Übergang verständlich anzuzeigen. Ronald lernt gut zuzuhören und darauf zu achten, welches Objekt Mama jetzt aus der Plan-Schürze nehmen wird.

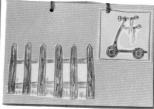

Karoline mag Zäune. Schaut sie auf ihren Plan sieht sie beispielsweise: „Jetzt fahren wir zum Kindergarten(-zaun) mit dem Auto" oder „Jetzt fahren wir mit dem Roller zum Garten!"

Im Arbeitsbereich: An der Tür hängt die für den Raum passende Arbeitskleidung. Zieht Herr Kranz vor dem Betreten des Raumes den Arbeitskittel an, erwartet er das Arbeiten. Bindet er die Schürze um, stellt er sich auf Küchenarbeit ein.

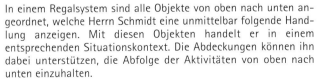

In einem Regalsystem sind alle Objekte von oben nach unten angeordnet, welche Herrn Schmidt eine unmittelbar folgende Handlung anzeigen. Mit diesen Objekten handelt er in einem entsprechenden Situationskontext. Die Abdeckungen können ihn dabei unterstützen, die Abfolge der Aktivitäten von oben nach unten einzuhalten.

Marvins Plan im Wohnheim: 5 Aktivitäten sind auf Fotos verdeutlicht. Nur die unmittelbar folgende Situation ist aufgedeckt. Ist diese beendet, wird mit der Abdeckung der folgenden Aktivität das „Fertig" verdeutlicht.

Für Lukas bedeutet der Einkaufschip: Bitte geh zum Plan! Er wirft
den Chip rechts ein und entnimmt seine Plankarte.

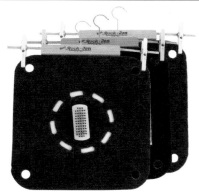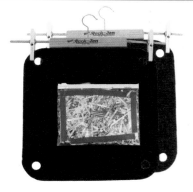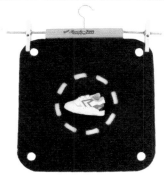

Herr Schneider hält sich gern im Garderobenbereich auf. Er mag verschiedenste Kleiderbügel.
Sein Jetzt-Plan im Wohnraum ist aus diesem Grund an Bügeln befestigt, die hintereinander
an einem Haken hängen. Herr Schneider trägt die Plan-Bügel zu den Aktivitätsplätzen.

Selina wohnt am Meer. Nur einmal im Monat kommt sie ins Autismuszentrum nach Nordhausen. Es ist wichtig, ihr Vorhersehbarkeit und Sicherheit zu geben. Deshalb bekommt sie wenige Tage vor der Förderung Post. Dieser Plan-Brief wird dann in der Förderstunde eingesetzt.

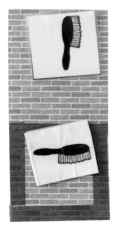

Eincheckhilfe an der Tür.

Frau Gräser hat ein mobiles Plantablett. Die Unterstützer bringen den Plan zu ihr. Frau Gräser trägt das Tablett zum Handlungsort und legt die Karte dann in den Behälter. Es hilft Frau Gräser beim Übergang von einer Aktivität zur anderen, etwas zu tragen.

Die Zeit

Pläne auf der ERST-DANN-Ebene

Ganz unauffällig hängt Inas Plan in ihrem Jugendzimmer.

Gustavs Plan in der Förderstunde.
ERST: Trommeln
DANN: Cremespaß

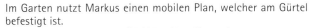

Im Garten nutzt Markus einen mobilen Plan, welcher am Gürtel befestigt ist.
ERST: Wäsche aufhängen / DANN: Abendbrotzeit

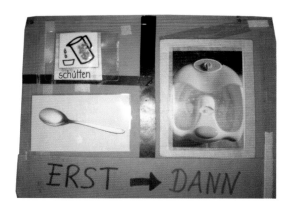

Lottas Aufgabe: Bitte erledige erst die Leseaufgabe und dann die Rechenaufgabe. Sie geht mit dem Auftragsbild zum Lernmaterial und checkt dort ein. Ist die Aufgabe erfüllt, ordnet sie ein Teil des Puzzles auf ihre Pausentasche. Ist die Pausentasche vollständig, macht Lotta Pause.

Wie kann sich ein Plan entwickeln? Der gemeinsame Austauschprozess „Pause" ist für Marek ein wichtiges Tagesereignis. Er lernt, dieses Bedürfnis aufzuschieben und orientiert sich im „ERST": Erst am Tisch arbeiten (die Klammern stehen für jeweils eine Aufgabe) / Erst noch Mittag essen / Dann machen wir Pause.

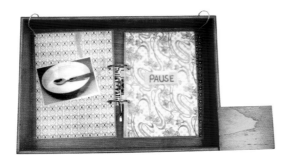

Constanze übt, das ERST-DANN zu verstehen und zu akzeptieren. Die beiden Aktivitäten werden auf der ERST-DANN-Ebene angezeigt, jedoch auf der rechten Seite mit einer Klarsichtfolie überdeckt. So kann Constanze ihren Impuls, nach der Karte zu greifen, besser unterdrücken.

Constanzes Zeichen für die Toilette. Wertschätzend ist es, dass dieses in einer Klappkarte versteckt ist.

1.Lernen
2. Einen kleinen Imbiß zubereiten
3. Kooperationsarbeit / 4. Naschpause

Ninas Aufgabenkörbe stehen auf der Fensterbank. Vom Plan entnimmt sie die Symbolkarten und checkt dort ein.

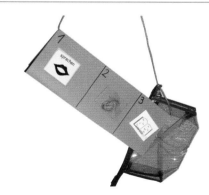

Florian liebt Dagobert Duck. Er kann sich besser auf seine Arbeitsaufgaben einstellen, wenn er den Tag mit einem Themengespräch beginnt. Die Gesprächszeit wird mit dem Timer eingegrenzt.

Niklas steckt seine Plankarten nach Beendigung der Aufgaben in die Fertigtasche.

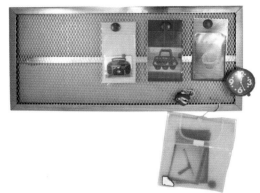

Gerd ist fasziniert von Metall und Magneten. Seine Plankarten sind an diesem Gitter mit Magneten befestigt. Ist eine Aktivität beendet, steckt er die Karten in die Tüte und die Magneten in den blauen „Monsterbereich".

Fabians Busplan: Die gelbe Markierung klettet am Busfenster und zeigt an, welche Aufgabe jetzt erledigt werden soll. Fabian nimmt die Zahlenkarte vom Plan, checkt an seiner Aufgabe ein, erledigt die Aufgabe und zieht den Reißverschluß dann weiter zur nächsten Karte. Am Ende ist die Bustasche geöffnet und Fabian entnimmt sich seine Überraschung.

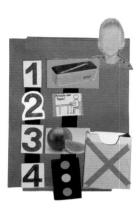

Ein Plan mit abnehmbaren Karten und dem Fertigbereich am Plan.

Pascal enträtselt im grünen Feld die Zahl. Stellt diese dann als Uhrzeit ein und erledigt nach und nach seine Aufgaben.

Daniels Plankarten sind auf einem Handywerbeprospekt befestigt. Hat er eine Handlung beendet, dann klettet er die Karten in den roten Bereich.

Ein Plan zum Abhaken.

Nicos Kistenplan mit geschlossenen Kisten und außen angebrachten Ampelkarten: Die Kisten werden zum Handlungsort getragen. Nico sieht genau, wie Zeit vergeht.

Thomas klappt seine Planfächer von oben nach unten auf. Sind die Fächer leer, ist die Förderstunde zu Ende.

An Franziskas Kistenplan hängen außen Taschen mit den visualisierten Signalwörtern der unmittelbar folgenden Aktivität. Alle entsprechenden Materialien zum Handeln sind in der Kiste aufbewahrt.

Achim orientiert sich am Planregal.

ERST: 3 Arbeitsaufgaben erledigen
DANN: Musikpause

Kistenpläne von oben nach unten mit Objektkarten und Abdeckplatten

Philip übt sich darin, die Leserichtung zu erkennen und einzuhalten. Die Zeilen sind als Faltlinien sichtbar und können bei Bedarf von ihm mit dem Stift nachgefahren werden.

Irenes Plan: Auf die Klammern können zusätzliche Instruktionen geschrieben werden, wie beispielsweise: „Wähle aus!" Die Plankarten werden am Handlungsort eingecheckt.

Andreas benutzt seinen komplexen Wochenplan in der Schule. Mit einem Folienstift streicht er ab. Um sich auf wichtige zusätzliche Ereignisse am Nachmittag einstellen zu können, kann die Lehrerin im unteren Bereich eine Merkkarte ankletten, welche die Eltern am Morgen mit in die Schule geben.

Kai liebt Straßenlaternen. Seinen Plan baute er gemeinsam mit dem Pädagogen. Es bereitet ihm eine große Freude, sich diesem zuzuwenden.

Lars bespricht während des Praktikums im Verlag seinen Plan innerhalb der Arbeitsbesprechung. Die Arbeitsassistentin schreibt die Aufträge mit Folienstift auf die grünen Karten. Ist eine Arbeit erledigt, werden diese umgedreht.

Janek notiert am Wochenanfang mit seinen Eltern wichtige Ereignisse und Aufträge.

Theo möchte sich nur ungern Dingen zuwenden, die nicht in <u>seine</u> Vorhaben eingebunden werden können. Um einen Plan akzeptieren zu lernen, sind seine „Botschaften" in einer Flaschenpost versteckt. Sein Interesse für Kapitän Blaubär wurde so aufgegriffen und für den Aufbau von Handlungsmotivation (KAHM) genutzt. Anfangs stellten wir ein Wasserbecken im Garten auf, um die Planflaschen dort zu versenken. Mittlerweile nutzt Theo einen herkömmlichen Tagesplan mit Schrift und Piktogrammen, auf dem jedoch immer noch Abbildungen zum Thema Meer zu sehen sind.

Ein 3-Tages-Plan für Philip. Er erhält einen gesamten Überblick. Während des aktuellen Tages werden die anderen durch Falten verdeckt.

Marios Lerntagebuch innerhalb der Schulvorbereitung.

Theo hat Schwierigkeiten zu unterscheiden, an welchen Tagen er morgens in die Schule geht und wann Kirchentage sind. Sein Wochenplan verdeutlicht ihm: Ist die grüne Schulwoche beendet, beginnt das Wochenende mit Kirchenzeit. Um ihn nicht mit zu vielen Informationen zu verwirren, sind die einzelnen Tage abgedeckt. Im Abendbereich visualisiert die Mutter, an welchem Tag er bei der Großmutter übernachten wird.

Tilmann liebt Briefe.

Ein Ablaufplan in der Sozialgruppe für Kinder: Erst werden sich alle begrüßen mit einem lustigen Spiel. Danach ist Imbißzeit und dann arbeiten alle zusammen am Projekt „Detektivzeit – Wir erforschen Autismus".

Fred kann Plansysteme besser akzeptieren, wenn diese in einem Laden erhältlich sind und somit ganz normal in unseren Lebensalltag gehören.

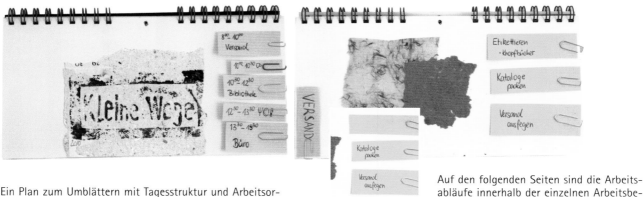

Ein Plan zum Umblättern mit Tagesstruktur und Arbeitsorganisationssystem. Auf der Vorderseite ist der Tag in Zeitfenster unterteilt und gibt den Arbeitsort vor.

Auf den folgenden Seiten sind die Arbeitsabläufe innerhalb der einzelnen Arbeitsbereiche aufgezeigt. Die Plankarten werden umgedreht, wenn die Aufgaben erledigt sind.

Ein Auftragsbuch für Fred: Dieses Buch entspricht Freds Wunsch nach Normalität. Er hakt erledigte Aufgaben ab. Im unteren Bereich ist eine Merkkarte für das Frühstück als auch ein Instruktionsplan für die Lernsequenz angeklettet.

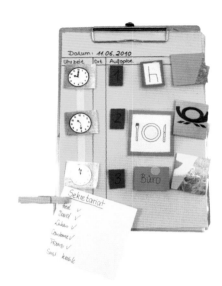
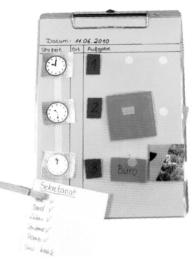

Daniels Plan mit Verstärkersystem: Daniel checkt am Morgen mit der ersten Karte beim Morgenkreis ein. Alle anderen Plankarten dreht er nach Beendigung der Aktivität um und zieht ein Puzzleteil vom Plan. Diese Teile werden am Ende des Tages ein vollständiges Bild ergeben, welches Daniel in seiner Freizeitmappe sammelt. Daniel mag Briefkästen, Abflußrohre und Dachziegel.

Warten und Pausenzeit gestalten

Eine andere Art von Wartetasche ist diese mit Perlen benähte Variante. Auch hier kann Martha verweilen.

Beim Musikhören oder im Morgenkreis wartet und entspannt sich Martha mit diesem Knopfkissen. Ihre Großmutter nähte mit viel Ausdauer diese Wartehilfe.

Martas Wartehilfe ist ein Rucksack, an welchem verschiedene Schnallen angebracht sind. Diese zieht sie nach und nach ab und wirft sie in die Schachtel.

Herr Weiße ordnet während des Wartens seinen Werkzeugkasten neu.

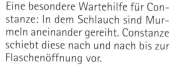

Eine Wartehilfe für Konstantin. Auf der Rückseite sind unter der Folie verschiedene kleine Gegenstände versteckt.

Warten und wickeln: Ist die Schnur aufgewickelt, ist die Wartezeit vorbei.

Eine besondere Wartehilfe für Constanze: In dem Schlauch sind Murmeln aneinander gereiht. Constanze schiebt diese nach und nach bis zur Flaschenöffnung vor.

Geeignet ist diese Wartehilfe für Kinder, Jugendliche und Erwachsene, die von kleinen Details fasziniert sind und sich beim Finden der Knöpfe entspannen können. Die Knöpfe sind unter dem Kissenstoff versteckt, können erfühlt und auch als Memory an die Oberfläche gebracht werden.

Eine „Warte"-Situation zu erfassen, ist für Menschen mit Schwierigkeiten im Zeitverstehen eine Herausforderung. Menschen, die konkrete Handlungen und Signale benötigen, um einen Zeitabschnitt wiederzuerkennen, geben Warte- oder Pausentaschen eine Raum- und Zeitstruktur vor.

Wie lange kann ich in den Garten gehen?

Eine Pause kreativ gestalten:
Sarah kann klingeln, wenn sie Hilfe benötigt.

Der Pausenkorb ist für Franz strukturiert. So kann er sich bewußter entscheiden.

Die Zeit

Ein Flaschensammelregal im Oberlicht eines Fensters.

Gläser für Steine, Schnecken, Perlen... in <u>einem</u> Sammelfach.

Sammelleidenschaften brauchen einen Ort und Begrenzung. So können Zeichnungen auf verschiedene Untergründe kopiert und in <u>einem</u> großen Bilderrahmen gesammelt werden.

Die Liste
Abschlussgedanken

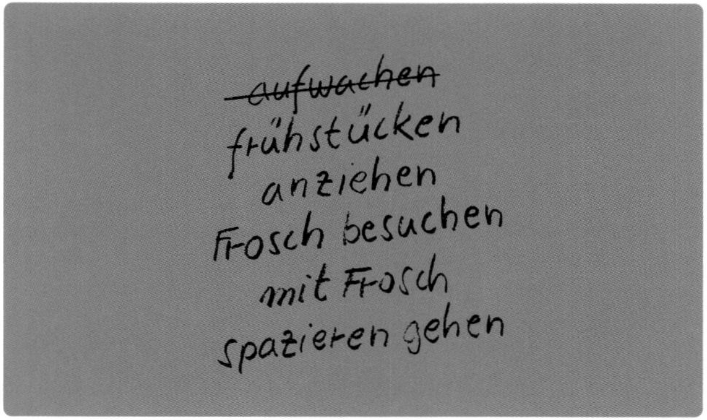

<del>aufwachen</del>
frühstücken
anziehen
Frosch besuchen
mit Frosch
spazieren gehen

5

Die Liste

Eines Morgens saß Kröte mit Papier und Bleistift in ihrem Bett. „Heute hab ich viel zu tun", sagte sie. „Wenn ich nicht alles aufschreibe, vergesse ich es." Und sie schrieb:

Was ich heute tun muss.

In die Zeile kam: *aufwachen*

Aber sie war ja schon wach! Deshalb strich sie das durch.

~~aufwachen~~

Dann schrieb sie eine lange Liste mit allem, was sie tun musste:

~~aufwachen~~
frühstücken
anziehen
Frosch besuchen
mit Frosch spazieren gehen
zu Mittag essen
Mittagschlaf halten
mit Frosch Memory spielen
zu Abend essen
schlafen gehen

„Fertig", sagte Kröte. „Jetzt habe ich den ganzen Tag auf meiner Liste." Sie stieg aus dem Bett und machte sich Frühstück. Dann strich sie die zweite Zeile durch: *~~frühstücken~~*

Sie zog sich an und strich   *~~anziehen~~*

von der Lister. Die Liste steckte sie in ihre Tasche. Sie lief hinüber zu Frosch. „Da bin ich", rief sie. Sofort zog sie die Liste aus der Tasche und machte einen Strich durch

~~Frosch besuchen~~

„Guten Morgen", sagte Frosch.
„Hallo", antwortete Kröte.
„Schau dir mal meine Liste an!"
Frosch war erstaunt. „Oh", sagte er,
„was ist denn das?"
Und Kröte erklärte: „Auf meiner Liste steht, dass wir jetzt spazieren gehen." – „Einverstanden", sagte Frosch.
Sie machten einen langen Spaziergang. Unterwegs nahm Kröte ihre Liste aus der Tasche und machte einen Strich durch

~~Mit Frosch spazieren gehen~~

Plötzlich kam ein heftiger Wind auf. Der packte die Liste, und – fort flog sie, hoch in die Luft. „Hilfe!", schrie Kröte, „meine Liste! Was mache ich ohne meine Liste?" – „Schnell", rief Frosch.
„Wir rennen hinterher!" – „Geht nicht!", schrie Kröte.
„Warum nicht?", fragte Frosch.
„Weil", jammerte Kröte, „weil ,Hinterherrennen' nicht auf meiner Liste steht."
Frosch rannte allein hinter der Liste her, über Hügel und Sümpfe. Aber die Liste flog weiter und weiter. „Tut mir leid", japste Frosch.
„Ich habe deine Liste nicht erwischt." –
„Boff", machte die Kröte. „Wenn ich nur wüsste, was sonst noch auf meiner Liste stand. Ich hatte doch so vieles vor. Jetzt kann ich nur hier sitzen und nichts tun." Frosch setzte sich daneben.
Lange, lange hockten sie nebeneinander. „Es wird dunkel", sagte Frosch. „Wir müssen schlafen gehen." – „Schlafen gehen!", schrie

Kröte. „Das war das Letzte auf meiner Liste."
Sie nahm einen Stock und schrieb

schlafen gehen

auf die Erde.
Das strich sie gleich wieder durch

~~schlafen gehen~~

„Na also", sagte sie.
„Jetzt stimmt alles." –
„Da bin ich aber froh",
sagte Frosch.
Und dann schliefen alle beide sofort ein.

Entnommen aus: Arnold Lobel: Das große Buch von Frosch und Kröte. Neu erzählt Tilde Michels (c) für die deutschsprachige Ausgabe: 1995, 1996 Deutscher Taschenbuch Verlag, München

Literatur

Arndt, Marga / Burmeister, Gerda u. A. (1978). Der Kindergarten zweckmäßig und schön. Berlin: Volk und Wissen.

Degner, M. (2011). Mehr Selbstständigkeit für Menschen mit Autismus: Der TEACCH-Ansatz als evidenzbasierte Fördermethode. Marburg: Tectum Verlag.

Frith, U. (1989). Autism: Explaining the enigma. Oxford: Basil Blackwell.

Häußler, A. (2005). Der TEACCH Ansatz zur Förderung von Menschen mit Autismus. Dortmund: Verlag modernes Lernen.

Müller, C. (2007). Autismus und Wahrnehmung. Eine Welt aus Farben und Details. Marburg: Tectum.

Müller, C. / Nußbeck, S. (2005). Bevorzugen Kinder mit Autismus einen am Detail orientierten Wahrnehmungsstil? Heilpädagogische Forschung, 4, 196-203.

Rheinberg, F. (2007). Intrinsische Motivation und Flow-Erleben. In: Heckhausen, J. / Heckhausen, H. (Hrsg.). Motivation und Handeln. 3. Auflage. Heidelberg: Springer-Verlag.

Rollet, B. / Kastner-Koller, U. (2001). Autismus: Ein Leitfaden für Eltern, Erzieher, Lehrer und Therapeuten. 2. Auflage. München: Urban & Fischer.

Schatz, Y. / Schellbach, S. (2006). Kompetenzmappen: Entwicklung visualisieren – ein didaktischer Weg. Nordhausen: Verlag Kleine Wege.

Schatz, Y. / Schellbach, S. / Degner, M. (2007). Kleine Wege. Ein Förderkonzept nach dem TEACCH-Ansatz. In: Sachse, S. / Birngruber, C. / Arends, S. (Hrsg.). Lernen und Lehren in der Unterstützten Kommunikation. Dortmund: von Loeper Literaturverlag.

Schatz, Y. / Schellbach, S. (2008a). Unterstützerkreise. Nordhausen: Verlag Kleine Wege.

Schatz, Y. / Schellbach, S. (2008b). Ideenkiste Nr. 1: Das Material. Nordhausen: Verlag Kleine Wege.

Schatz, Y. / Schellbach, S. (2003c). Den Interessen Bedeutung geben – Entwicklung von Handlungsmotivation bei Menschen mit Autismus. In: Degner, M. / Müller, C. (Hrsg.). Autismus: Besonderes Denken – Förderung mit dem TEACCH-Ansatz. Nordhausen: Verlag Kleine Wege

Sabo Wills, Margaret (2011). Wohnparadiese für Kinder. Hildesheim: Gerstenberg Verlag.

Unser Verlag im Internet:
www.kleine-wege.de

Yvette Schatz / Silke Schellbach
Ideenkiste Nr. I – Das Material

Eine „Kiste" voller Ideen zur praktischen Umsetzung von
pädagogischen Inhalten nach dem TEACCH-Ansatz.

84 Seiten | Paperback
16,80 € | Best.-Nr. 100-05

Kisten-, Hefter- und Tablettaufgaben, Motivations- und Wartehilfen sowie Gestaltungsmöglichkeiten von
Plänen wurden vom Kleine-Wege-Team zusammengetragen. Diese Ideensammlung aus dem Förderalltag
gibt Anregungen für die kreative und ästhetische Gestaltung von verschiedenem Arbeitsmaterial. Mit über-
sichtlichen farbigen Fotos sowie einer kurzen Information zu Ziel, Einsatz und Herstellung werden eine Viel-
zahl von Anregungen zur Strukturierung von Lernaufgaben dargestellt.

Lehrmittelkoffer „Autismusspektrum"

Der Lehrmittelkoffer ist eine Unterstützung für alle, die
anderen Menschen das Autismusspektrum erklären möchten.

Die Materialien sind in unserer jahrelangen Weiterbildungsar-
beit entstanden. Ein grundlegendes Wissen über
das Thema Autismus kann mit diesem Material
durch Zuhören, Zusehen, Handeln,
Experimentieren, Gruppenarbeit und
Selbststudium vermittelt werden.

690,00 €
Best.-Nr. 800-01

Mehr Informationen finden Sie in unserer
Versandkiste unter www.kleine-wege.de

Bitte fordern Sie unser Weiterbildungs-
programm und unser Modulhandbuch an.